Quaderni di cinema italiano per stranieri

Irene Baggio

Il grande sogno

Michele Placido

Guerra Edizioni

PROGETTO
CULTURA
ITALIANA

Simbologia

Dialogare

Note

Leggere

Riferimento biografico

Osservare

Riferimento bibliografico

Scrivere

Grammatica

Informazione

Internet

Autori in ordine alfabetico:
Irene Baggio

Responsabile didattico della collana
Paolo E. Balboni

Progetto grafico, copertina e impaginazione
Keen s.r.l.

ISBN 978-88-557-0390-1

I edizione
© Copyright 2014 Guerra Edizioni - Perugia

Guerra Edizioni Edel srl
via Aldo Manna, 25 - 06132 Perugia (Italia) / tel. +39 075 5270257-8 / fax +39 075 5288244
e-mail: info@guerraedizioni.com / www.guerraedizioni.com

Il regista: Michele Placido

Regista e attore appassionato che ha fatto del carattere **viscerale** e diretto il suo segno distintivo.

Nasce nel 1946 in provincia di Foggia in una famiglia numerosissima: è il terzogenito di otto figli. Placido subisce così l'influenza formativa dei più diversi mestieri (tra i parenti compare anche un fuorilegge). Da più grande sceglie di dedicarsi al mondo dello spettacolo, studia all'Accademia Nazionale d'Arte Drammatica e debutta a teatro nel 1970. Dopo diverse esperienze in campo teatrale e altre in settori estranei al mondo dello spettacolo (sarà anche volontario in una caserma di polizia), interpreta ruoli in televisione e al cinema.

Dopo aver lavorato con i fratelli Taviani, Luigi Zampa, Lizzani e Bellocchio, si fa notare anche all'estero, soprattutto in Francia e Germania. Nel 1983 arriva la grande occasione che lo rende popolare e famoso in tutta Italia: è il commissario di polizia Cattani de *La piovra*, fortunata serie televisiva sulla criminalità organizzata e che ha emozionato gli spettatori televisivi per molti anni.

Ormai **consolidato** il successo, recita la parte del professore di *Mery per sempre* (1989) di Marco Risi, seguito qualche tempo più tardi dalla **vibrante** interpretazione di un **bieco** affarista in *Lamerica* (1994) di Gianni Amelio. Tra questi due ruoli fondamentali per la sua carriera, **esordisce** alla regia nel 1990 con *Pummarò*, film sulle difficoltà di integrazione sociale degli immigrati

in Italia. Sceglie toni più leggeri con *Le amiche del cuore*, ma è solo una parentesi perché riprende subito ad interessarsi al **cinema d'inchiesta**: è Giovanni Falcone nel film omonimo, dirige poi *Un eroe borghese* e *Del perduto amore*, ritratto di una dolce e coraggiosa insegnante che cerca di ribellarsi al maschilismo del paesino meridionale in cui vive.

La sorpresa del nuovo millennio è senza dubbio *Romanzo criminale* (2005), diretto da Placido con grande maestria. Realizza un film all'americana, con un ottimo cast di attori, scoprendo lati nascosti della capitale, indagando negli angoli bui della storia.

Nel 2010 arriva per lui un'altra importante sfida: trasporre sul grande schermo la vita e le gesta di Renato Vallanzasca, il bandito che negli anni Settanta, a capo della banda della Comasina, terrorizzò Milano con rapine, sequestri, omicidi ed evasioni. Il 6 settembre 2010 *Vallanzasca - Gli angeli del male* è stato presentato fuori concorso alla 67ª Mostra internazionale d'arte cinematografica di Venezia, dove, seppur accompagnato da qualche polemica, è stato accolto positivamente dal pubblico.

Filmografia – regia:
1) *Pummarò* (1990)
2) *Le amiche del cuore* (1992)
3) *Un eroe borghese* (1995)
4) *Del perduto amore* (1998)
5) *Un viaggio chiamato amore* (2002)
6) *Ovunque sei* (2004)
7) *Romanzo criminale* (2005)
8) *Il grande sogno* (2009)
9) *Vallanzasca - Gli angeli del male* (2010)
10) *Il cecchino* (2012)

(Adattato da www.mymovies.it)

Glossario
Viscerale: dei visceri, quindi istintivo, intenso
Consolidato: confermato
Vibrante: che vibra, quindi che esprime forza e intensità
Bieco: malvagio, crudele
Esordire: dare inizio ad un'attività
Cinema d'inchiesta: genere cinematografico che vuole indagare, cercare la verità di fatti realmente accaduti

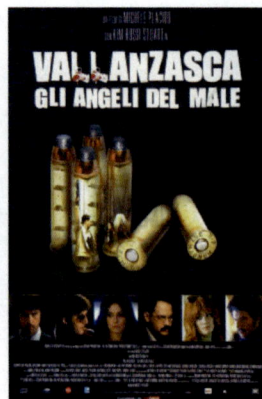

1. Dopo aver letto la biografia di Michele Placido, rispondi alle seguenti domande.

a) Dove e in che contesto è nato Michele Placido?

....

b) Michele Placido ha lavorato solo nel mondo del cinema o anche in altri settori?

....

c) In che modo l'ambiente dove è cresciuto è stato importante per la sua vita artistica?

....

d) Placido è un regista/attore conosciuto solo in Italia o anche all'estero?

....

e) In quale periodo e grazie a quali film diventa famoso?

....

f) Qual è il genere cinematografico che più interessa a Placido? Quali dei suoi film rappresentano questo genere?

....

Intervista a Michele Placido su *Il grande sogno*

Il Grande Sogno è accusato di essere un film ideologico e non storico: quanto c'è di vero?

Io ho raccontato la mia storia: la storia di Michele Placido, la storia di una ragazza che in qualche modo appartiene alla memoria dello sceneggiatore e il personaggio di Libero che appartiene alla memoria di un mio amico torinese. Quindi sono tre storie vere, poi certo che ci possono essere delle mancanze. È di carattere politico, o anche ideologico, ma è la visione di un poliziotto, di un ragazzo che viene dal Sud; è proprio lì la chiave per chi la vuole intendere...

Alla fine hai realizzato il tuo "sogno"...

Sì, ho realizzato il mio sogno e ho cercato di lavorare anche attraverso quella che è la mia esperienza teatrale, come se fosse anche un testo dotato di una drammaturgia esistenziale, in cui poi ognuno riflette; non ci sono mai vittorie e non ci sono mai sconfitte nei percorsi delle persone, nei nostri percorsi.

Perché fare proprio in questo momento un film così autobiografico?

È un film che doveva partire cinque o sei anni fa, ma proprio in quel periodo usciva il film di Bertolucci *The Dreamers*, sempre sul '68; ci siamo fermati, scherzosamente dico per rispetto al maestro Bertolucci... Abbiamo rimandato di qualche anno ed eccoci che tre anni fa abbiamo ricostruito tutta la mia storia con la mia biografia e la biografia dei compagni di quegli anni ed è venuto fuori il film, che è appunto la storia di ragazzi che hanno vissuto un periodo che ha sconvolto il mondo.

Il Grande Sogno è anche un film sulle Brigate Rosse, sulla violenza di quegli anni?

Non è un film sulle Brigate Rosse, non ci sono conclusioni politiche nel film: questo è una sorta di mio diario, una sorta di romanzo popolare. In quegli anni non c'era ancora la violenza, c'era soprattutto un'energia di fantasia, si ballava; poi cominciò la violenza.

(Adattato da www.cinemadelsilenzio.it)

---

2. Dopo aver letto l'intervista a Michele Placido, scegli la risposta corretta.

1) **Ne *Il grande sogno* Placido racconta:**
   a. una storia di fantasia.
   b. una storia che ha letto in un libro.
   c. la sua vita e quella di altre due persone.
   d. la sua gioventù.

2) **Per creare il film Placido si è basato:**
   a. sulla sua esperienza teatrale.
   b. su testi storici riguardanti il '68.
   c. su un sogno che ha fatto.
   d. su un'opera drammatica.

3) **Il film è uscito solamente nel 2009 perché:**
   a. prima Michele Placido aveva altri progetti.
   b. Bertolucci aveva copiato la sua idea e Placido ha dovuto cambiare la trama.
   c. aspettava l'anniversario dei 40 anni dal '68.
   d. quando Placido voleva girare questo film Bertolucci stava già facendo un film sul '68.

4) **Con questo film Placido ha voluto raccontare:**
   a. la violenza delle Brigate Rosse.
   b. la violenza di ogni tipo di rivoluzione.
   c. quello che Placido stesso ha vissuto durante il periodo delle Brigate Rosse.
   d. la fantasia piena di energia per i nuovi ideali che caratterizzano i giovani del '68.

3. Ecco la trama de _Il grande sogno_. Prova a completarla usando le parole nel riquadro.

Nicola è un giovane .... (1) che ama il
teatro e vorrebbe diventare attore. Laura è una
.... (2) universitaria di educazione cat-
tolica pronta a lottare contro l'................ (3).
Libero è un leader del .... (4) studentesco. Gli anni sono quelli che precedono,
.... (5) e seguono il .... (6)
e i suoi rivolgimenti. Nicola, infiltrato dai suoi
superiori nel movimento, si .... (7)
di Laura e cercherà anche di comprendere un
.... (8) che gli è nello stesso tempo vicino e .... (9): un mondo per lui tanto
confuso quanto in fondo inavvicinabile perché dai .... (10) ci si risveglia.

> movimento - studentessa - 1968 - ingiustizia - poliziotto -
> sogni - innamorerà - attraversano - mondo - lontano

(Adattato da www.mymovies.it)

Storia. Cosa sai del '68?

Il Sessantotto italiano inizia con qualche mese di anticipo, nel 1967, e si prolunga fino agli inizi del
1969. Questo profondo **sommovimento** durerà però oltre un decennio, e coinciderà con una
radicale modernizzazione del paese. Ad **accendere la miccia** sono gli studenti universitari. Nel
mirino della contestazione ci sono soprattutto la **connotazione** classista del sistema dell'istruzio-
ne, l'autoritarismo accademico, il sistema capitalistico e le organizzazioni della sinistra, accusate di
aver rinunciato a qualsiasi idea di trasformazione radicale.

Occupazioni, sgomberi e nuove occupazioni si susseguono. Nell'autunno del 1967 gli studenti occu-
pano gli **atenei** di tutte le principali città del centro-nord, e il 2 febbraio viene occupata l'università
di Roma, la più grande d'Italia. Alla fine del mese, il rettore D'Avack fa intervenire la polizia. Il giorno
dopo, il 1° marzo, un corteo di protesta arriva a Valle Giulia, sede della facoltà di Architettura, e
forza i blocchi della polizia. Gli scontri durano per ore. I giornali, in edizione straordinaria, parlano
di "battaglia". Con i fatti di Valle Giulia il movimento studentesco si sposta definitivamente dal piano
di una protesta universitaria a quello della contrapposizione con l'intero **assetto sociale**. Ma la
protesta degli studenti non trova alcun ascolto nel quadro politico di governo.

Nella cultura del movimento confluiscono i diversi filoni di pensiero critico e di protesta sociale che
avevano caratterizzato gli anni '60: la critica alla società dei consumi e i **fermenti terzomondisti
innescati** dalle lotte di liberazione dei popoli ex coloniali e dalla guerra nel Vietnam; l'"antipsichia-
tria" praticata da Franco Basaglia nell'ospedale di Gorizia e il movimento libertario giovanile sviluppa-
tosi negli anni del "beat italiano". Inizialmente meno visibile, ma destinata ad affermarsi sempre di più
negli anni successivi, è l'originale versione del femminismo impostata da alcune pensatrici italiane.

Il vento della protesta arriva anche nelle grandi fabbriche del nord. Protestano gli operai della *Marzotto* a Valdagno (VI), del *Petrolchimico* di Marghera, del *Pirelli* di Milano e la *Fiat* di Torino, la principale industria del paese. E nel '69 sono proprio gli operai a impedire che il movimento degli studenti si indebolisca come nel resto d'Europa. Tra maggio e giugno, alla Fiat, una serie di **scioperi** paralizza la produzione per oltre 50 giorni. In prima fila ci sono gli operai meno qualificati e meno sindacalizzati, spesso immigrati dal meridione, che danno vita a un'assemblea assieme agli studenti. Gli operai protestano contro la suddivisione della forza lavoro in fasce diversamente qualificate e chiedono che il salario sia **svincolato** dalla produttività.

Che cosa è rimasto del '68? Lo Statuto dei diritti dei lavoratori e la legge sul divorzio sono state **varate** entrambe nel '70. Poi la legge sull'interruzione volontaria della gravidanza e il nuovo Diritto di famiglia che fa del nostro Paese un esempio avanzato a livello europeo.

(Adattato da: http://www.storiaxxisecolo.it/larepubblica/repubblica68.htm)

4. Con l'aiuto del dizionario o dell'insegnante prova a trovare il significato delle seguenti parole presenti nel testo.

a ...	Sommovimento	**1**	Università, accademie
b ...	Accendere la miccia	**2**	Significato, caratteristica
c ...	Mirino	**3**	Protesta dei lavoratori, sabotaggio
d ...	Connotazione	**4**	Interesse e partecipazione attiva in favore del *terzo mondo*
e ...	Atenei	**5**	Rivoluzione, turbamento
f ...	Assetto sociale	**6**	Inaugurati, cominciati
g ...	Fermenti terzomondisti	**7**	Strumento per mirare a qualcosa, *essere nel* .... > essere sotto osservazione
h ...	Innescati	**8**	Libero, sciolto, senza legami
i ...	Scioperi	**9**	Cominciare, dare il via, far nascere
l ...	Svincolato	**10**	*Le leggi sono* .... quando diventano ufficiali
m ...	Varate	**11**	Ordinamento, sistemazione della società

Prima sequenza. *La marcia della pace* (00:38-04:40)

5. Dopo aver visto la scena, scegli se le seguenti affermazioni sono vere o false.

		vero	falso
1)	Nicola è un militare.	■	■
2)	Dopo la serata in discoteca, Laura si prepara per andare ad una manifestazione.	■	■
3)	Enrico, il ragazzo di Laura, sa che lei andrà alla manifestazione.	■	■
4)	La manifestazione si svolge solo a Roma.	■	■
5)	Laura ha detto ai suoi genitori che sarebbe andata a manifestare.	■	■
6)	Andrea, il fratello maggiore di Laura, sa che sua sorella parteciperà alla manifestazione.	■	■

6. Riguarda la scena e scegli l'affermazione corretta.

a) **La Marcia della pace si è svolta:**
   1 nel centro delle proteste del '68.
   2 nell'autunno del '67.
   3 dopo il 1968.

b) **Alla Marcia della pace hanno partecipato:**
   1 studenti, lavoratori, religiosi, operai.
   2 solo preti e religiosi.
   3 solo studenti.

c) **Durante la Marcia i partecipanti hanno:**
   1 protestato in modo violento.
   2 marciato e fatto dei piccoli convegni.
   3 fatto una maratona con premiazione finale.

Storia. *Che Guevara*

**7. A coppie o con l'aiuto dell'insegnante, cercate alcune brevi informazioni su
Che Guevara e completate la seguente tabella.**

	Dove e quando è vissuto?	Chi era?	Perché è così conosciuto?	Perché la sua morte è significativa per il '68 italiano?
	....	....	....	....
	....	....	....	....
	....	....	....	....
	....	....	....	....

8a. In base alle informazioni e sensazioni che puoi vedere nelle immagini, spiega breve-mente cosa fanno e chi sono i seguenti personaggi. Cos'hanno in comune? E in cosa sono diversi? Puoi usare i seguenti aggettivi, o anche cercarne altri.

> *complice, presuntuoso/a, sincero/a, romantico/a, serio/a, conformista, timido/a, aggressivo/a, pauroso/a, indifferente, autoritario/a, ribelle, obbediente, severo/a*

Laura

....
....
....

Nicola

....
....
....

8b. In base a quali indizi presenti nelle scene hai scelto questi aggettivi?

Seconda sequenza. *Lite a pranzo* (04:43-06:58)

9. Dopo aver guardato la scena, prova a dire assieme ai compagni cosa succede, rispondendo brevemente alle domande.

- *Dove siamo?*
- *Chi è presente?*
- *Com'è il clima della scena (rilassato, tranquillo, nervoso…)?*
- *Riesci a capire perché i genitori di Laura si arrabbiano con lei?*

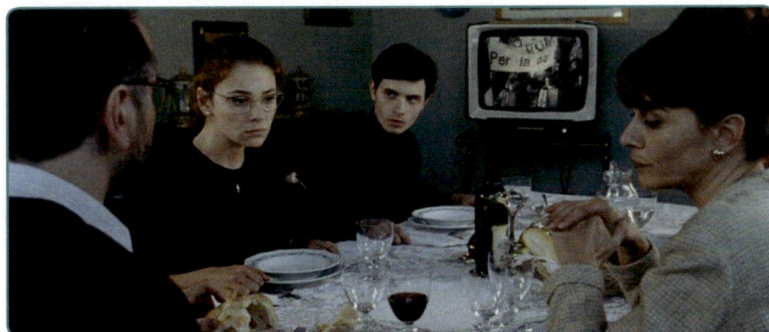

10. Riguarda ora la scena e completa il dialogo.

Papà: .... (1), la Marcia della pace!

Laura: .... (2) è servita a risvegliare le coscienze. Non si può più fare finta di niente.

Papà: .... (3) che tuo padre li conosce i bombardamenti.

Laura: Lo so bene papà.

Papà: Zio Vincenzo, 9 anni c'aveva, quando c'è rimasto. .... (4), domando…questi comunisti, la pace, la vogliono davvero? Io, ho i miei dubbi.

Laura: I comunisti…non c'erano solo i comunisti, c'erano studenti, lavoratori, le associazioni cattoliche, una rappresentanza del popolo vietnamita.

Papà: .... (5), il popolo vietnamita… Lina, la pasta!

Mamma: Se vuoi ti accompagno io oggi in centro.

Papà: Grazie. Andrea, pecorino …. Pecorino, Andrea!

Laura: C'ero anch'io.

Papà: Ma dove?

Laura: Alla Marcia della pace!

Mamma: Cosa?

Papà: .... (6)!

Mamma: .... (7) scusami Laura, fammi capire: tu eri lì e non eri da Eleonora a studiare per l'esame?

Papà: Perché non ce l'hai detto?

Laura: Ma perché non mi avreste mai dato il permesso.

Mamma: .... (8) vorrei anche vedere Laura, in mezzo a tutti quegli sconosciuti, ma poi come ci sei arrivata?

Laura: Che cosa c'entra?

Mamma: .... (9) dove hai dormito? In tenda?

Laura: Che vorresti dire scusa?

Mamma: .... (10) Laura, tu hai tradito la nostra fiducia, sei una bugiarda.

Laura: Una bugiarda, allora parliamo .... (11) di Viviana.

Mamma: .... (12) cosa c'entra Viviana adesso?

Papà: Ma chi è questa Viviana?

Mamma: No, non è nessuno, non ti preoccupare.

Papà: Laura, in questa casa l'onestà è sempre stato un valore. Tu hai tradito la fiducia mia e di tua madre e adesso te ne vai in camera tua. Guarda che…

Ecco come mi combino! Sempre così, ogni volta che siamo a tavola, mi avvelenate quel poco di mangiare!

Mamma. Tu lo sapevi? Lo sapevi!

Giulio: Andrea, ma chi è 'sta Viviana?

Andrea: È un'amica di mamma che tradisce il marito. Lina, ... (13) che noi mangiamo. È la segretaria di Don Antonio in parrocchia.

11. Riguarda la scena e rileggi il dialogo: le risposte all'esercizio 9 erano corrette? Ora che hai più informazioni, secondo te perché i genitori di Laura si arrabbiano quando scoprono che Laura è stata alla Marcia per la pace?

12. Come nell'esercizio 8a, come e con quali aggettivi descriveresti i genitori di Laura?

....

....

....

....

....

....

Lingua. Espressioni per comunicare

Alcune delle parole che hai inserito nel dialogo sono *interiezioni*, cioè parole che servo-
no, a seconda del contesto, a dare alla frase un tono di *meraviglia, rabbia, divertimento,
rimprovero...*, e a esprimere i più diversi significati. Nel loro utilizzo, è importante il
tono della voce che aiuta a dare ancora più significato alla frase.
Vediamole nel dettaglio, assieme ad altre espressioni simili:

Basta:
Deriva dal verbo *bastare*, e quindi è usato
quando si vuole – o si vorrebbe - interrompere
qualcuno o qualcosa. Esempio: "Basta, sono
stanco di questa festa, vado a casa!".

Beh... (ma):
Abbreviazione di *bene*. Può introdurre una
domanda o concludere un discorso.
Esempio: raccontando le vacanze per finire il
discorso si può dire "...beh mi sono proprio
divertito!".

Boh / Mah:
Esprimono incertezza, possono essere usati
per rispondere "*no*" ad una domanda di cui non
conosciamo la risposta.

Comunque:
È usato per argomentare o controbattere quanto appena affermato dalla persona che parla o
dall'interlocutore.
Esempio: "Il mio dolce preferito in assoluto è il
tiramisù, *comunque* anche la torta di mele non
è male".

Eccolo/a/i/e lì/là:
Si usa per dare più importanza a quello che si
sta per dire, con il giusto tono di voce, serve
a esprimere il pensiero di chi parla (stupore,
rabbia, felicità).

Eh...:
Serve a esprimere stupore o disappunto, tristezza. È usato quando chi ci ascolta sa già cosa
pensiamo e quindi non è necessario dirlo.
Esempio: "Stasera non puoi uscire con noi,
vero?" "*Eh*, no...".
Può anche essere usato quando non capia-
mo quello che dice chi parla, come dire "*puoi
ripetere?*".

Guarda che:
Usato in questo modo non significa *guardare
(vedere)*, ma piuttosto "fai attenzione, ascoltami
bene".

Ma:
A inizio frase, serve per interrompere il discorso
di chi ci sta parlando perché non siamo d'accordo con quello che dice.

Oh Signore:
Esclamazione di stupore in senso negativo o
positivo. Altre espressioni simili, che spesso ri-
prendono termini e personaggi religiosi, possono
essere *Oh mamma, Oh mio Dio, Oh Gesù*, ecc...

Allo stesso modo, esiste anche l'espressione

Caspita:
Esempio: "Marco guadagna 3000 euro al mese".
"*Caspita!*".

To':
Deriva dal verbo *togliere*, è la forma ridotta di
"*togli*", in realtà si usa per dire "tieni, prendi".

13. Completa ora le seguenti frasi con le espressioni appena viste (per alcune frasi ci sono più soluzioni possibili).

a) Ieri la prof mi ha interrogato, ma io non avevo studiato!!
   - .... ! E com'è andata?

b) Secondo me il problema più grave della nostra società è la criminalità!
   - .... anche la disoccupazione e la malasanità sono gravi.

c) - .... domani abbiamo quella riunione importante! Ricordati la presentazione!

d) Mi presti la tua penna per favore?
   - .... prendi!

e) ...., il nostro presidente è sempre in televisione a parlare! Ma non può stare un po' in ufficio a lavorare seriamente?
   - ...., ti lamenti sempre, finiscila!

f) ....? Puoi ripetere quello che hai detto? Non ho sentito bene.

g) Scusa, che ora è?
   - ...., non ho l'orologio.

h) - .... che bel regalo!! Grazie mille!!

14. Tu hai mai fatto qualcosa contro il volere dei tuoi genitori? Perché? Come hanno reagito quando lo hanno scoperto? Discutine con i tuoi compagni.

15. Una rivoluzione non deve obbligatoriamente essere di carattere politico. Ogni giorno può succedere di dover esprimere le proprie idee e opinioni, contro il parere delle altre persone. A gruppi, immaginate di dover spiegare un vostro punto di vista a delle persone che non sono d'accordo con voi (a scuola, in famiglia o nel luogo di lavoro). Contro cosa vi *ribellate*? E perché? Create un discorso dove spiegate il perché delle vostre idee e perché volete che siano rispettate.

Terza sequenza. *Assemblea all'università* (16:20-18:28)

16. Dopo aver visto la scena, scegli se le affermazioni sono vere o false.

	vero	falso
1) Siamo ad un'assemblea universitaria.	■	■
2) Libero, il ragazzo che parla al microfono, conosce Laura.	■	■
3) Enrico, il ragazzo di Laura, applaude Laura per quello che lei dice.	■	■
4) Andrea sembra soddisfatto di quello che sua sorella ha detto.	■	■

17. Guarda di nuovo la scena e scegli l'affermazione corretta.

1) All'assemblea sono presenti:
   a. gli studenti di diverse facoltà.
   b. solo gli studenti della facoltà di Scienze Politiche.
   c. studenti e lavoratori.

2) Libero incita i compagni universitari a protestare per chiedere:
   a. un'università che dia gli stessi diritti a tutti gli studenti.
   b. un'università che dia più importanza alla cultura generale.
   c. una società diversa.

3) Laura afferma che per cambiare la società bisogna:
   a. cambiare e adattare l'università alla società moderna.
   b. eliminare il sistema capitalistico.
   c. obbligare tutte le persone ad avere una formazione politica.

4) Laura vuole che l'università:
   a. sia a pagamento.
   b. abbia una mensa più buona.
   c. sia aperta e accessibile a tutti.

18. Guarda la scena ancora una volta e inserisci le parole mancanti.

Libero: Noi vogliamo rivoluzionare la cultura, partendo .... **(1)** dalle fondamenta, dalle nozioni di base. Non .... **(2)** , portiamo ad esempio la matematica, e proviamo ad applicarla all'economia, alla politica. Allora se è vero che
due .... **(3)** due .... **(4)** quattro, perché
.... **(5)** quattro, è altrettanto vero che due industriali .... **(6)** due
generali, fanno quattro? O fanno quattrocento morti, quattromila morti in Vietnam?
Noi non siamo .... **(7)** per avere un'........................ **(8)** migliore, siamo
.... **(9)** per chiedere una società diversa!
Compagna prego, vuoi aggiungere qualcosa?

Laura: Scusatemi, a differenza di chi ha appena parlato
io non sono…

Libero: È un compagno che ha appena parlato.

Laura: Dal compagno… Ecco io non sono abituata a parlare in pubblico e non ho neanche
una formazione politica come molti di voi,
.... **(10)** penso davvero che non
dobbiamo perdere di vista gli obiettivi concreti di questa protesta.
Si parlava di .... **(11)** diversa, ho capito, ma se non partiamo da un'università
migliore di che società diversa possiamo parlare? Io vi ricordo che questa ....
(12) è stata concepita durante il fascismo per noi: figli di borghesi, e non per i figli degli
operai o dei contadini. Ecco, allora diamo la .... **(13)** a tutti di studiare, chiediamo delle cose concrete per permettere a tutti di accedere agli studi. Assegni, borse di
studio, alloggi, mense…

Studenti: Brava compagna, la mensa, la mensa!

Libero: Noi condividiamo in pieno quello che… come ti chiami scusa?

Laura: Laura.

Libero: Laura… Noi condividiamo in pieno il discorso della compagna Laura che però si sta dimenticando un punto fondamentale che è il vero motivo per cui siamo .... **(14)**
oggi, noi non siamo qua per chiedere concessioni al governo, noi siamo qua per mettere
in discussione la .... **(15)** e il sistema capitalistico nel suo insieme, questa è la
.... **(16)**!

**19. Dividi le parole che hai inserito nel dialogo nella seguente tabella, distinguendo tra
parole accentate e non.**

Parole con vocale finale accentata	Parole con vocale finale non accentata
------------------------------------	------------------------------------
------------------------------------	------------------------------------
------------------------------------	------------------------------------
------------------------------------	------------------------------------

20. Con o senza accento? Alcune parole in italiano cambiano il significato (ma non la pronuncia!) a seconda che siano con o senza accento. Prova a inserirle correttamente nelle frasi.

> *Da - dà, e - è, la - là, li - lì, ne - né, se - sé, si - sì, te – tè*

a) Questo …….. mio cugino Alberto, …… questo ……. mio zio Marco.

b) Dov'è …….. crema solare? ……., nella borsa.

c) Tieni, questa tazza di ……. è per ……..

d) ……… cinque anni mio fratello ………. lezioni di chitarra.

e) ……… io racconto un segreto a Marisa, lei riuscirà a tenerlo per …….. ?

f) Dove hai comprato questi pantaloni? …….. ho comprati ……., in quel negozio all'angolo.

g) Secondo te, mio marito ……. ricorda che oggi è il nostro anniversario?
……., secondo me ………!

h) Basta! Non …….. posso più! Non sopporto ……. il mio capo …….. i miei colleghi!

21. Trasforma ora al plurale le seguenti parole terminanti in finale accentata. Ti ricordi come si comportano? Ne conosci altre?

L'università → …………..………………………….
……………..………………………..………………

La facoltà → …………..………………………….
……………..………………………..………………

La società → …………..………………………….
……………..………………………..………………

La verità → …………..………………………….
……………..………………………..………………

La città → …………..………………………….
……………..………………………..………………

Il casinò → …………..………………………….
……………..………………………..………………

Il falò → …………..………………………….
……………..………………………..………………

Il bebè → …………..………………………….
……………..………………………..………………

Il purè → …………..………………………….
……………..………………………..………………

Il colibrì → …………..………………………….
……………..………………………..………………

La virtù → …………..………………………….
……………..………………………..………………

Quarta sequenza. *Nell'ufficio del Capitano* (18:29-21:41)

22. Guarda la scena *Nell'ufficio del Capitano* aiutandoti anche con la trascrizione del dialogo, e scegli se le affermazioni sono vere o false.

Capitano: Sei il fratello maggiore, orfano di padre, 7 tra fratelli e sorelle, tuo zio è il maresciallo Caselli che ti ha raccomandato per farti entrare in Polizia, è giusto no?

Nicola: Giusto.

Capitano: Eh, ragazzo mio, tu mi devi stare attento a quello che fai perché noi veniamo a sapere tutto. Per esempio sappiamo che tu, insieme ai tuoi commilitoni, vi andate a cambiare nella Pensione Taormina, notoriamente conosciuta come affittacamere per prostitute. E ti fai i tuoi comodi con una signorina che si chiama…

Tenente: Padula Rosa.

Capitano: Padula Rosa, eh. Noi chiudiamo un occhio, ma non devi esagerare eh! Questo lo leggi tu? Bertolt Brecht.

Questo è comunista, lo sai sì? Chi te l'ha consigliato? Qualcuno? Qualche amico?

Nicola: Mi piace il teatro…

Capitano: Camus, Bruckner, Brecht…grandi autori per carità, ma tutti stranieri… Neanche un italiano? Che so io, mi viene in mente, Manzoni, per esempio…niente? Il Conte di Carmagnola non ti dice… (*recita*). Uhé, pure a me mi piace il teatro. Fammi sentire qualcosa dai.

Nicola: Io? (*recita*) Che faccio, continuo?

Capitano: A te non te ne frega niente di fare il poliziotto, eh? Tu vuoi far l'attore! Tieni. Vai pure vai… "Discreta padronanza della lingua, si consiglia l'utilizzo dell'allievo per operazioni investigative, Vedi: infiltrato".

	vero	falso
a) Il capitano di polizia sa che Nicola frequenta una casa per prostitute.	■	■
b) Il capitano di polizia è molto arrabbiato perché Nicola frequenta prostitute.	■	■
c) Il capitano di polizia critica Nicola perché legge solo autori stranieri.	■	■
d) Nicola sembra non conoscere *Il conte di Carmagnola*.	■	■
e) Il capitano di polizia sequestra i libri di Nicola.	■	■
f) Date le sue qualità di attore, Nicola viene mandato nella squadra investigativa come infiltrato.	■	■

23. Il Capitano di polizia utilizza alcune frasi con una costruzione tipica del linguaggio parlato, ma scorretta dal punto di vista grammaticale: cosa c'è che non va bene?

a) Questo lo leggi tu? ....

b) Pure a me mi piace il teatro ....

c) A te non te ne frega niente ....

Grammatica. I pronomi clitici

L'ordine della frase in italiano è in genere *Soggetto – Verbo – Complemento*, ma in realtà la nostra lingua non è molto severa in questo, e in molti contesti* il soggetto e l'oggetto possono precedere o seguire il verbo senza che il significato della frase cambi. Quindi ad esempio si può dire *Io mangio la mela* o *La mela io mangio* e addirittura *La mela mangio io*.

Molto spesso però, e quasi esclusivamente nella lingua parlata, quando l'oggetto precede il verbo, si inserisce un pronome che lo riprende. Ed è quello che succede nella frase a) (*Questo lo leggi tu?*). Altri esempi possono essere: *I piatti li lavo io, La mela la mangio io, I bambini li portiamo noi a scuola.* (NB. Con questa costruzione molto spesso si inserisce il soggetto dopo il verbo).

Lo stesso fenomeno accade con il <u>complemento di termine</u> (il complemento indiretto che risponde alle domande *A chi? A che cosa?*). Come accade nelle frasi b) e c): *Pure a me mi piace il teatro, A te non te ne frega niente.* Queste costruzioni sono però considerate sbagliate dal punto di vista grammaticale perché l'aggettivo o il complemento sono ripetuti più volte.

Infatti bisogna dire *A me piace il teatro* o *Mi piace il teatro.*

Ricordiamo che questo fenomeno è molto usato nella lingua orale, tanto che molti studiosi della lingua italiana e scrittori non lo considerano più un errore.

* Per contesto si intende la provenienza regionale di chi parla, se la conversazione è formale o informale e così via.

24. Queste sono alcune frasi che molto spesso si sentono nella lingua di tutti i giorni. Prova a trasformarle in italiano corretto come nell'esempio. Attenzione a spostare l'oggetto dopo il verbo!

Es: *Il computer di Michele lo uso io* > Io uso il computer di Michele

a) Il gatto lo porti tu dal veterinario? ....

b) I soldi per il pranzo li ho dati a tuo fratello ....

c) A me mi interessa molto il cinema ....

d) A loro gli fa tristezza quella storia ....

e) Le patate le sbucciamo noi ....

f) A noi ci piace molto andare in discoteca ....

Letteratura. *Il conte di Carmagnola*

Il Capitano di polizia recita una parte del poema *Il conte di Carmagnola*. Vediamo di cosa si tratta.

Il conte di Carmagnola è una tragedia scritta da Alessandro Manzoni tra il 1816 e il 1819 ma ambientata nel 1400. Racconta la storia di Francesco Busone, personaggio realmente esistito: nato a Carmagnola in Piemonte, è stato **condottiero** dei Visconti - duchi di Milano – ed era chiamato "conte" secondo il costume dell'epoca.

Per un dissidio con il duca, Busone passa al servizio della Repubblica di Venezia. Scoppiata la guerra fra Venezia e Milano, Busone vince sulle truppe di Milano, nella battaglia di Maclodio (avvenuta il 12 ottobre 1427). Ma nonostante ciò rinuncia ad un'avanzata territoriale e libera i prigionieri senza pretenderne il **riscatto**. Il senato veneto ritiene questo comportamento come un riavvicinamento del Carmagnola al Visconti e condanna a morte il

capitano, che verrà più tardi decapitato.

Nella sua opera Manzoni **inneggia** all'innocenza del Carmagnola, celebrandolo come eroe. Il punto centrale di questa tragedia è costituito dal coro sulla battaglia di Maclodio che è descritta come una **strage** irrazionale e **fratricida** tra Veneziani e Milanesi. Tale coro costituisce una **meditazione** amara sulla guerra, assurda manifestazione d'irrazionalità e di cieca violenza.

Alessandro Manzoni. Uno dei maggiori autori della letteratura italiana, Alessandro Manzoni (1785 – 1873) è anche l'esponente più importante del Romanticismo italiano. Autore di molte opere, Manzoni vuole interpretare gli ideali del suo tempo ed è sempre teso alla ricerca di una lingua "viva". Questo suo interesse è particolarmente visibile nella sua opera più conosciuta, *I Promessi Sposi* (scritto e pubblicato tra il 1821 e il

1842). La componente realistica del testo è dominante, ma la grande novità consiste nel continuo alternarsi di racconto e riflessione. Il genere del romanzo non è però l'unico con il quale si confronta Alessandro Manzoni: egli infatti scrive anche *liriche* di stampo neoclassico in età giovanile e *inni sacri*. Dopo questa parentesi, Manzoni torna però a recuperare quella passione civile e quell'interesse per la storia, già presente nei primi componimenti e che caratterizzerà la successiva produzione letteraria - dal 1815 in poi. Manzoni si esercita anche nel teatro con *Il conte di Carmagnola* (1816-20) e l'*Adelchi* (1820-22), opere tragiche che segnano la rinascita del genere in Italia.

(Adattato da: http://www.letteratura.it/alessandromanzoni/index.htm)

25a. Collega le seguenti parole, segnate in neretto nel testo, con i loro *sinonimi*. Ti puoi aiutare con il dizionario.

A	Condottiero	**1**	Crudele
B	Riscatto	**2**	Comandante
C	Inneggiare	**3**	Pensiero
D	Strage	**4**	Sterminio
E	Fratricida	**5**	Risarcimento
F	Meditazione	**6**	Celebrare

A	B	C	D	E	F

Alessandro Manzoni

25b. Anche aiutandoti con il dizionario, trova dei *contrari* per le seguenti parole. Ci sono più soluzioni possibili.

a) Celebrare > ....

b) Crudele > ....

c) Condottiero > ....

d) Innocente > ....

e) Prigioniero > ....

26. Qui di seguito trovi i primi 12 versi del coro centrale del *Conte di Carmagnola*: sono i versi che il Capitano di Polizia recita a Nicola. Facendo una breve ricerca con i tuoi compagni o con l'aiuto dell'insegnante, prova a parafrasare in *italiano moderno* i termini segnalati in grassetto e poi racconta in poche righe quello che vi è descritto.

1. S'**ode** a destra uno squillo di tromba;
2. A sinistra risponde uno squillo:
3. **D'ambo** i lati **calpesto** rimbomba
4. Da cavalli e da fanti il terren.
5. **Quinci** spunta per l'aria un **vessillo**;
6. **Quindi** un altro s'avanza spiegato:
7. Ecco appare un **drappello** schierato;
8. Ecco un altro che incontro gli vien.
9. Già di mezzo sparito è il terreno;
10. Già le spade **rispingon** le spade;
11. L'un dell'altro le immerge nel seno;
12. **Gronda** il sangue; raddoppia il ferir.

Quinta sequenza. *La manifestazione* (45:03-48:20)

27. Dopo aver guardato la scena, scegli se le affermazioni sono vere o false.

	vero	falso
a) Andrea e Laura non vogliono che Giulio partecipi alla manifestazione.	■	■
b) Giulio arriva da solo alla manifestazione.	■	■
c) Laura scopre solo in questo momento che Nicola fa parte della polizia.	■	■
d) Nicola aiuta i suoi colleghi ad arrestare Laura.	■	■

28. Riguarda la scena e completa le parti mancanti del dialogo.

Andrea: Ma insomma te ne vuoi andare a casa?

Giulio: Uffa…ma perché?

Laura: Perché può essere pericoloso, ……………… (1)!

Giulio: ……………… (2) che tutti i licei di Roma oggi stanno scioperando e siamo liberi di stare qua, ok?

Andrea: Ma quali licei…tre pischelletti, ma fammi il favore, ……………… (3)!

Giulio: ……………… (4) mi …………..… (5) le palle, io faccio quello che voglio, hai capito? ……………..… (6) ragazzi!

Laura: Giulio, ……..……… (7) attento per favore.

Giulio: Oh, aridaje co sta storia!

Laura: Che ti infiammi? …………… (8) buono! Che ti sei portato dietro? Che c'hai qua?

Giulio: Una bella sorpresa per 'sti stronzi.

Andrea: Oh, …………..……… (9) zitto, …………… (10) la voce!

Andrea: …………… (11) sorella. Katy, un bel sorriso.

Capitano: Ehi, con quella cinepresa, ……………..… (12) di filmare.

Giulio: Ecco, Lei! Fedelissimo servitore dello stato! Oggi, 1 marzo 1968, mi ……..……… (13) la sua impressione su questa, su questa splendida giornata, sarà una giornata…

Capitano: ……………… (14) di filmare sennò te la sequestro, su!

Capitano: Mi raccomando ragazzi, ………… (15) la calma e ………… (16) la situazione sotto controllo. Ehi Militisini, ………… (17) qua vieni, vieni qua vieni! Non te ne perdi una eh? Due mesi fa stavi davanti all'ambasciata americana a fare casino. Me ricordo…

Studente 1: Ammazza che memoria che hai ahò!

Capitano: E chi si scorda di te, ………… (18), vattin va', ………… (19)!

Studente: Occhio ragazzi!

Soldato: Voi ……………… (20) stare qua!

Studente 2: Noi vogliamo solamente parlare col rettore.

Soldato: L'università è chiusa!

Studente 2: È chiusa, noi vogliamo parlare col rettore.

Soldato: Vabbè. ……………… (21) chi sono i capi.

Libero: Ma quali capi! Non ci sono capi!

Soldato: ……………… (22) a parlare col rettore. ……………..… (23) spazio qua, fate spazio! Forza forza, avanti con calma.

Libero: Ci stanno fottendo cazzo, è una trappola!

GLOSSARIO. Parole in dialetto romanesco.
Nel testo sono presenti alcune espressioni e parole dialettali e familiari, eccole riassunte con il loro significato:

pischelletti	> ragazzini
aridaje	> ancora?!
che c'hai	> che cosa hai?
ammazza	> Romanesco di *caspita*
ahò	> Romanesco di *oh*
vattin'	> vattene
vabbé	> va bene

29. Conosci altre espressioni colloquiali /familiari /dialettali in italiano? Discutine con i tuoi compagni e l'insegnante e provate a fare uno schema riassuntivo.

30. I verbi che hai inserito nel dialogo sono verbi coniugati a ....

Grammatica.
Rivediamo uso e particolarità dell'imperativo

Usato per dare un ordine, un consiglio, un avviso ecc... si coniuga al solo **tempo presente** (se si vuole dare un ordine per il futuro si può usare o l'imperativo presente o il futuro indicativo).
Il suo uso non è semplicissimo perché per essere formato segue diverse regole a seconda della persona e dell'uso, ma vediamo più nel dettaglio:

1ª Coniugazione (*Parlare*)

Tu → 3ª persona singolare del *presente indicativo*. – *Parla!*
Lui/Lei* → 3ª persona singolare del *congiuntivo presente*. – *(che) Parli!*
Noi → 1ª persona plurale del *presente indicativo*. – *Parliamo!*
Voi → 2ª persona plurale del *presente indicativo*. – *Parlate!*
Loro → 3ª persona plurale del *congiuntivo presente*. – *(che) Parlino!*

2ª e 3ª Coniugazione (*Scrivere / Dormire*)

Tu → 2ª persona singolare del *presente indicativo*. – *Scrivi! Dormi!*
Lui/Lei* → 3ª persona singolare del *congiuntivo presente*. – *(che) Scriva! Dorma!*
Noi → 1ª persona plurale del *presente indicativo*. – *Scriviamo! Dormiamo!*
Voi → 2ª persona plurale del *presente indicativo*. – *Scrivete! Dormite!*
Loro → 3ª persona plurale del *congiuntivo presente*. – *(che) Scrivano! Dormano!*

* Se con **lui** *e* **lei** *si usa il congiuntivo, allo stesso modo si usa il congiuntivo per l'imperativo di cortesia, singolare e plurale (Lei, Voi). Attenzione: se un verbo è irregolare al congiuntivo, segue la stessa irregolarità anche all'imperativo.*
Es: Non credo che Marco **vada** *in vacanza (congiuntivo); Prego Sig. Rossi,* **vada** *pure (imperativo).*

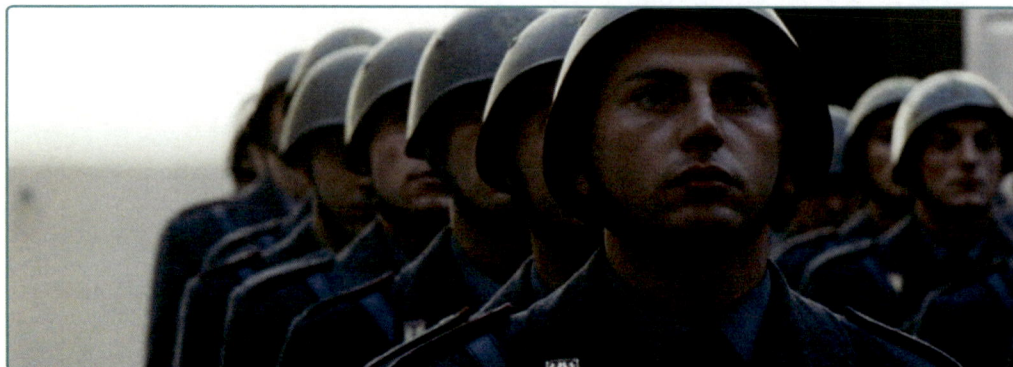

Come per altri tempi verbali, anche l'imperativo ha alcune irregolarità:

	TU	NOI	VOI
Andare	**Va'**	Andiamo	Andate
Avere	**Abbi**	Abbiamo	**Abbiate**
Dare	**Da'**	Diamo	Date
Dire	**Di'**	Diciamo	Dite
Essere	**Sii**	Siamo	**Siate**
Fare	**Fa'**	Facciamo	Fate
Stare	**Sta'**	Stiamo	State

All'**imperativo negativo** (quando cioè si vuole impedire o sconsigliare di fare qualcosa) si seguono invece queste regole:

1ª, 2ª e 3ª Coniugazione

Tu → Non + *infinito*. – *Non parlare! Non scrivere! Non dormire!*

Lui/Lei* → Non + *congiuntivo presente*. – *(che) Non parli! (che) Non scriva! (che) Non dorma!*

Noi → Non + *1ª persona plurale del presente indicativo*. – *Non parliamo! Non scriviamo! Non dormiamo!*

Voi → Non + *2ª persona plurale del presente indicativo*. – *Non parlate! Non scrivete! Non dormite!*

Loro → Non + *3ª persona plurale del congiuntivo presente*. – *(che) Non parlino! (che) Non scrivano! (che) Non dormano!*

** per le persone **lui/lei** e **loro** i verbi restano al congiuntivo presente.*

31. Ora trasforma queste frasi all'imperativo secondo le persone indicate.
NB: quando è indicato *Lei*, bisogna coniugare il verbo all'*imperativo di cortesia*.

a) Non *fare* il bagno dopo aver mangiato!

Tu ....

Lei ....

b) Fa freddo oggi: *mettere* il maglione di lana.

Voi ....

Tu ....

c) Non *tornare* dopo mezzanotte, va bene?

Voi ....

Tu ....

d) È tardi, *spegnere* quel computer, *dare* la buonanotte a papà e *andare* a letto.

Tu ....

Noi ....

e) *Fare* passare un po' d'aria in questa stanza prima di uscire, *non tenere* sempre le finestre chiuse!

Voi ....

Lei ....

f) Prego, *sedersi* sulla sedia, che cominciamo la visita.

Lei ....

Tu ....

g) *Aiutare* tuo fratello a stendere la biancheria e *fare* presto!

Tu...

Noi ....

32. Trasforma queste frasi al congiuntivo.

a) L'ultimo film di Spielberg mi è piaciuto, ma non penso che .... **(essere)** il suo miglior film.

b) Pensi che Sabrina .... **(potere)** venire alla festa? No, non credo che ....
(venire): penso che .... **(avere)** molto lavoro da fare.

c) Voglio che voi .... **(leggere)** l'ultimo capitolo del libro per lunedì prossimo.

d) Credo che tu .... **(dovere)** chiedere scusa a Patrizia, ho idea che lei ....
(sentirsi) molto triste per quello che le hai detto.

33. Tuo fratello o sorella più piccolo/a vuole fare qualcosa per la quale tu non sei d'accordo perché pensi possa essere pericoloso e quindi cerchi di fargli/le cambiare idea. A coppie immaginate un dialogo, uno di voi fa il fratello / la sorella maggiore, l'altro il/la minore.

....

....

....

....

....

....

....

....

34. Siamo nel tema della *manifestazione*. Collega ogni parola che riguarda le manifestazioni alla sua immagine.

a ☐ Cartelli   b ☐ Striscione   c ☐ Folla

d ☐ Megafono   e ☐ Urla   f ☐ Bandiere   g ☐ Polizia

35. **Sei un giornalista, nella tua città c'è stata una manifestazione. Scrivi un breve articolo di giornale dove racconti la manifestazione. Specifica: contro cosa/chi era la manifestazione, quante persone c'erano, com'era la manifestazione (pacifica, violenta… ecc.), quanto è durata, e tutto ciò che vuoi. Usa il lessico che hai appena imparato.**

....
....
....
....
....
....
....
....
....
....
....
....
....
....
....
....
....

Soluzioni degli esercizi

Es 2
1d; 2a; 3d; 4d.

Es 3
1) poliziotto; 2) studentessa; 3) ingiustizia; 4) movimento; 5) attraversano; 6) 1968; 7) innamorerà; 8) mondo; 9) lontano; 10) sogni.

Es 4
a 5; b 9; c 7; d 2; e 1; f 11; g 4; h 6; i 3; l 8; m 10

Es 5
1) V; 2) V; 3) F; 4) F; 5) F; 6) V

Es 6
a) 2; b) 1; c) 2

Es 10
1) Eccola lì; 2) Comunque; 3) Guarda; 4) Ma non lo so; 5) Eh; 6) Oh Signore!; 7) No; 8) Beh ma; 9) Ma; 10) No; 11) un attimo; 12) Ma; 13) guarda.

Es 13
a) Caspita/ Mio Dio... b) Beh/ comunque; c) Guarda che; d) To'; e) Eccolo lì/ Oh mio Dio, Oh mamma... - Basta; f) Eh; g) Boh/ Mah; h) Caspita.

Es 16
1) V; 2) F; 3) F; 4) V

Es 17
1a; 2c; 3a; 4c.

Es 18
1) però; 2) so; 3) più; 4) fa; 5) fa; 6) più; 7) qua; 8) università; 9) qua; 10) però; 11) società; 12) società; 13) possibilità; 14) qua; 15) società; 16) verità.

Es 19

Parole con vocale finale accentata	Parole con vocale finale non accentata
però	so
più	fa
università	qua
società	
possibilità	
verità	

Es 20
a) è – e – è; b) la – Là; c) tè – te; d) Da – dà; e) Se – sé; f) Li – lì; g) si – Sì – sì; h) ne – né – né.

Es 22
a) V; b) F; c)V; d) V; e) F; f) V

Es 24
Qui sono riportate alcune possibili soluzioni all'esercizio:

a) Porti tu il gatto dal veterinario?; b) Ho dato a tuo fratello i soldi per il pranzo; c) Mi interessa molto il cinema / A me interessa molto il cinema; d) Gli fa tristezza quella storia / A loro fa tristezza quella storia; e) Noi sbucciamo le patate; f) Ci piace molto andare in discoteca / A noi piace molto andare in discoteca.

Es 25a
A2; B5; C6; D4; E1; F3.

Es 25b
a) Nascondere, criticare; b) Buono, umano, amorevole; c) Seguace, dipendente; d) Colpevole, responsabile; e) Libero, autonomo.

Es 27
1) V; 2) F; 3) V; 4) F

Es 28

l) piantala; 2) Guarda; 3) vattene; 4) Non; 5) rompere; 6) Andiamo; 7) stai; 8) Stai; 9) stai; 10) abbassa; 11) sorridi; 12) smettila;13) dica; 14) Smettila; 15) manteniamo; 16) teniamo; 17) vieni; 18) va'; 19) muoviti; 20) non potete; 21) Ditemi; 22) Andiamo; 23) Fate.

Es 30

I verbi sono coniugati all'imperativo.

Es 31

a) TU: Non *fare* il bagno dopo aver mangiato! LEI: Non *faccia* il bagno dopo aver mangiato!
b) VOI: Fa freddo oggi: *mettete* il maglione di lana. TU: Fa freddo oggi: *metti* il maglione di lana.
c) VOI: Non *tornate* dopo mezzanotte, va bene? TU: Non *tornare* dopo mezzanotte, va bene?
d) TU: È tardi, *spegni* quel computer, *da'* la buonanotte a papà e *va* a letto. NOI: È tardi, *spegniamo* quel computer, *diamo* la buonanotte a papà e *andiamo* a letto.
e) VOI: *Fate* passare un po' d'aria in questa stanza prima di uscire, non *tenete* sempre le finestre chiuse! LEI: *Faccia* passare un po' d'aria in questa stanza prima di uscire, non *tenga* sempre le finestre chiuse!
f) LEI: Prego, *si sieda* sulla sedia che cominciamo la visita. TU: Prego, *siediti* sulla sedia che cominciamo la visita.
g) TU: *Aiuta* tuo fratello a stendere la biancheria e *fa'* presto! NOI: *Aiutiamo* tuo fratello a stendere la biancheria e *facciamo* presto!

Es 32

a) sia; b) possa – venga – abbia; c) leggiate; d) debba - si senta.

Es 34

a 2; b 6; c 3; d 4; e 7; f l; g 5

Trascrizioni dei dialoghi

Lite a pranzo

Papà: **Eccola lì**, la marcia della pace!

Laura: **Comunque** è servita a risvegliare le coscienze. Non si può più fare finta di niente.

Papà: **Guarda** che tuo padre li conosce i bombardamenti.

Laura: Lo so bene papà.

Papà: Zio Vincenzo, 9 anni c'aveva, quando c'è rimasto. **Ma non lo so**, domando…questi comunisti, la pace, la vogliono davvero? Io, ho i miei dubbi.

Laura: I comunisti…non c'erano solo i comunisti, c'erano studenti, lavoratori, le associazioni cattoliche, una rappresentanza del popolo vietnamita.

Papà: **Eh**, il popolo vietnamita… Lina, la pasta!

Mamma: Se vuoi ti accompagno io oggi in centro.

Papà: Grazie. Andrea, pecorino …. Pecorino, Andrea!

Laura: C'ero anch'io.

Papà: Ma dove?

Laura: Alla Marcia della pace!

Mamma: Cosa?

Papà: **Oh Signore!**

Mamma: **No** scusami Laura, fammi capire: tu eri lì e non eri da Eleonora a studiare per l'esame?

Papà: Perché non ce l'hai detto?

Laura: Ma perché non mi avreste mai dato il permesso.

Mamma: **Beh ma** vorrei anche vedere Laura, in mezzo a tutti quegli sconosciuti, **ma** poi come ci sei arrivata?

Laura: Che cosa c'entra?

Mamma: **Ma** dove hai dormito? In tenda?

Laura: Che vorresti dire scusa?

Mamma: **No** Laura, tu hai tradito la nostra fiducia, sei una bugiarda.

Laura: Una bugiarda, allora parliamo **un attimo** di Viviana.

Mamma: **Ma** cosa c'entra Viviana adesso?

Papà: Ma chi è questa Viviana?

Mamma: No, non è nessuno, non ti preoccupare.

Papà: Laura, in questa casa l'onestà è sempre stato un valore. Tu hai tradito la fiducia mia e di tua madre e adesso te ne vai in camera tua. Guarda che… Ecco come mi combino! Sempre così, ogni volta che siamo a tavola, mi avvelenate quel poco di mangiare!

Mamma. Tu lo sapevi? Lo sapevi!

Giulio: Andrea, ma chi è 'sta Viviana?

Andrea: È un'amica di mamma che tradisce il marito. Lina, **guarda** che noi mangiamo. È la segretaria di Don Antonio in parrocchia.

L'assemblea

Libero: Noi vogliamo rivoluzionare la cultura, partendo però dalle fondamenta, dalle nozioni di base. Non so, portiamo ad esempio la matematica, e proviamo ad applicarla all'economia, alla politica. Allora se è vero che due più due fa quattro, perché fa quattro, è altrettanto vero che due industriali più due generali, fanno quattro? O fanno quattrocento morti, quattromila morti in Vietnam? Noi non siamo qua per avere un'università migliore, siamo qua per chiedere una società diversa!
Compagna prego, vuoi aggiungere qualcosa?

Laura: Scusatemi, a differenza di chi ha appena parlato io non sono…

Libero: È un compagno che ha appena parlato.

Laura: Del compagno… Ecco io non sono abituata a parlare in pubblico e non ho neanche una formazione politica come molti di voi, però penso davvero che non dobbiamo perdere di vista gli obiettivi concreti di questa protesta.
Si parlava di società diversa, ho capito, ma se non partiamo da un'università migliore di che società diversa possiamo parlare? Io vi ricordo che questa società è stata concepita durante il fascismo per noi: figli di borghesi, e non per i figli degli operai o dei contadini. Ecco, allora diamo la possibilità a tutti di studiare, chiediamo delle cose concrete per permettere a tutti di accedere agli studi. Assegni, borse di studio, alloggi, mense…

Studenti: Brava compagna, la mensa, la mensa!

Libero: Noi condividiamo in pieno quello che… come ti chiami scusa?

Laura: Laura.

Libero: Laura… Noi condividiamo in pieno il discorso della compagna Laura che però si sta dimenticando un punto fondamentale che è il vero motivo per cui siamo qua oggi, noi non siamo qua per chiedere concessioni al governo, noi siamo qua per mettere in discussione la società e il sistema capitalistico nel suo insieme, questa è la verità!

Nell'ufficio del Capitano

Capitano: Sei il fratello maggiore, orfano di padre, 7 tra fratelli e sorelle, tuo zio è il maresciallo Caselli che ti ha raccomandato per farti entrare in Polizia, è giusto no?

Nicola: Giusto.

Capitano: Eh, ragazzo mio, tu mi devi stare attento a quello che fai perché noi veniamo a sapere tutto. Per esempio sappiamo che tu, insieme ai tuoi commilitoni, vi andate a cambiare nella Pensione Taormina, notoriamente conosciuta come affittacamere per prostitute. E ti fai i tuoi comodi con una signorina che si chiama…

Tenente: Padula Rosa

Capitano: Padula Rosa, eh. Noi chiudiamo un occhio, ma non devi esagerare eh! Questo lo leggi tu? Bertolt Brecht. Questo è comunista, lo sai sì? Chi te l'ha consigliato? Qualcuno? Qualche amico?

Nicola: Mi piace il teatro…

Capitano: Camusse, Bruckner, Brecht…grandi autori per carità, ma tutti stranieri… Neanche un italiano? Che so io, mi viene in mente, Manzoni, per esempio…niente? Il Conte di Carmagnola non ti dice… (*recita*). Uhé, pure a me mi piace il teatro. Fammi sentire qualcosa dai.

Nicola: Io? (*recita*) Che faccio, continuo?

Capitano: A te non te ne frega niente di fare il poliziotto, eh? Tu vuoi far l'attore! Tieni. Vai pure vai…
"Discreta padronanza della lingua, si consiglia l'utilizzo dell'allievo per operazioni investigative, Vedi: infiltrato".

La manifestazione

Andrea: Ma insomma te ne vuoi andare a casa?

Giulio: Uffa…ma perché?

Laura: Perché può essere pericoloso, piantala!

Giulio: Guarda che tutti i licei di Roma oggi stanno scioperando e siamo liberi di stare qua ok?

Andrea: Ma quali licei…tre pischelletti, ma fammi il favore, vattene!

Giulio: Non mi rompere le palle, io faccio quello che voglio hai capito? Andiamo ragazzi!

Laura: Giulio, stai attento per favore.

Giulio: Oh, aridaje co sta storia!

Laura: Che ti infiammi? Stai buono! Che ti sei portato dietro? Che c'hai qua?

Giulio: Una bella sorpresa per 'sti stronzi.

Andrea: Oh, stai zitto, abbassa la voce!

Andrea: Sorridi sorella. Katy, un bel sorriso.

Capitano: Ehi, con quella cinepresa, smettila di filmare.

Giulio: Ecco, Lei! Fedelissimo servitore dello stato! Oggi, 1 marzo 1968, mi dica la sua impressione su questa, su questa splendida giornata, sarà una giornata...

Capitano: Smettila di filmare sennò te la sequestro, su!

Capitano: Mi raccomando ragazzi, manteniamo la calma e teniamo la situazione sotto controllo. Ehi Militisini, vieni qua vieni, vieni qua vieni! Non te ne perdi una eh? Due mesi fa stavi davanti all'ambasciata americana a fare casino. Me ricordo...

Studente 1: Ammazza che memoria che hai ahò!

Capitano: E chi si scorda di te, va' vattin va', muoviti!

Studente: Occhio ragazzi!

Soldato: Voi non potete stare qua!

Studente 2: Noi vogliamo solamente parlare col rettore.

Soldato: L'università è chiusa!

Studente 2: È chiusa, noi vogliamo parlare col rettore

Soldato: Vabbè. Ditemi chi sono i capi.

Libero: Ma quali capi! Non ci sono capi!

Soldato: Andiamo a parlare col rettore. Fate spazio qua, fate spazio! Forza forza, avanti con calma

Libero: Ci stanno fottendo cazzo, è una trappola!

Finito di stampare
nel mese di Settembre 2014
da Guerra Edizioni Edel srl - Perugia